Para Philip, espero
que disfrutes mucho con el libro

Gracias

Diciembre 2018

© 2018 D'OCON (Para esta edición)
© 2018 LAURA CERDAN

ISBN-13: 978-1984986313
ISBN-10: 1984986317
Made in USA
Charleston, SC

Segunda edición.

Autora: Laura Cerdan.

Ilustraciones: Sonia Sánchez (by Sonja)
Diseño y maquetación: Carla D'Ocon

Agradezco a mis hijas; Laura, Carla, Maria y Marta, que me han ayudado en mi proyecto. A José Montes y a Mayra Massot por su colaboración.

Me gustaría que con este libro los niños aprendieran los valores necesarios para que tengan éxito en la vida y sean grandes personas.

¿Qué es lo correcto?

Colorea el círculo de color **verde** la acción que crees
que es correcta, y de color **rojo** la incorrecta.

¡CORRECTO !

¡INCORRECTO !

Índice

SALUDAR

¡Hola!, ¡Buenos días!, ¡Buenas tardes!, Hasta luego...

Es la manera de saludar a alguien cuando llegas o te vas de algún lugar. Como por ejemplo, cuando entras o sales de un ascensor, habitación, aula o consulta de un doctor.

No debes olvidar saludar a los demás. Una persona amable siempre tiene más oportunidades de gustar a los otros. Un simple saludo o despedida puede marcar la diferencia.

Es un gesto de buen comportamiento, respeto a las personas, buenos modales y costumbres.

– ¡Buenos días! – dicen Susana y su mamá
cuando entran en el ascensor.

Sin embargo, a David y a su papá siempre se les olvida.

POR FAVOR

Siempre que pedimos las cosas por favor
mostramos un respeto hacia
las otras personas.

Es la palabra mágica que hará
que los demás quieran ayudarte y prestarte
lo que necesitas.

–¿Por favor, me prestas tu bicicleta?
– ¿Me pones agua, por favor?

De esta manera mantendrás
una buena relación con los que te rodean.

– ¿Me prestas tu lápiz, por favor? – pregunta Susana.
Lucy se lo presta encantada al oír la palabra mágica.

David toma el lápiz de su compañera sin pedir permiso.
Sara se enfada porque no se lo ha pedido educadamente.

GRACIAS

Otra de nuestras palabras mágicas
que cuesta muy poco decir
y tiene un gran valor.

Al ser agradecido cuando recibes un regalo,
o dar las gracias cuando te ayudan, o te
sirven la comida, o cuando hacen algo por ti,
harás que la persona que recibe las gracias
se sienta feliz y satisfecha de haberte ayudado.

– ¡Gracias por tu regalo y por haber venido
a mi fiesta! – dice Susana, agradecida.
– ¡De nada! – responde su amigo contento.

– ¡Dame! – dice David mientras agarra el regalo bruscamente
de las manos de su amiga sin darle las gracias.
Sofía está triste ya que piensa que a David no le importa
el regalo que le había preparado con tanto cariño.

9

PACIENCIA

Es saber esperar, no interrumpir cuando otra persona habla, es esperar con entusiasmo aquel juguete que tanto deseas, es saber esperar tu turno.

Si sabes esperar será más fácil conseguir lo que deseas.

– ¡Vamos! ¡Quiero ir al parque! – grita Susana mientras el doctor está hablando. Por no ser paciente y escuchar las indicaciones del doctor han tenido que demorarse más en la consulta y no tendrán tiempo para ir al parque.

En cambio, David tiene paciencia mientras el doctor da las indicaciones.
Una vez los adultos terminan la conversación, David pregunta:
– ¿Tenemos tiempo para ir al parque?
Como ha sabido esperar y no ha causado ningún retraso, podrán ir.

AMABILIDAD

Ser amable es tratar bien
a los demás. Puedes ser amable
de muchas maneras; ayudando
a los demás cuando lo necesitan,
o respondiendo con buenas
palabras cuando te hablan.

Ser amable es tener un gesto de
buena voluntad hacia otra persona.

– Charly, ¿te ayudamos a subir? – preguntan Susana
y su amiga sonriendo. Charly está muy contento de
tener unas amigas tan amables.

David ve a Charly esforzándose para subir la rampa, pero decide
no ayudarlo excusándose diciendo que llega tarde a clase.
Charly se siente muy triste.

15

COMPARTIR

Compartir es dar algo que tú tienes
para que la otra persona disfrute contigo.

Cuando alguien te pide alguna cosa, piensa si
te gustaría recibirla a ti también cuando
tú no la tienes.

Ya verás cómo así será más fácil compartir.

A Cristina se le ha olvidado la merienda en casa, y
a Susana no le importa compartir con ella.
– Cristina, ¿quieres una de mis galletas?

Óscar se siente un poco triste ya que
David tiene mucha hambre y no quiere compartir.

18

PERDÓN

Decir lo siento o pedir perdón cuando no has hecho algo bien es la mejor manera de solucionarlo. A veces, golpeamos o pisamos sin querer a otra persona. Otras veces, levantamos la voz y hasta podemos decir palabras que pueden ofender.

Todos nos podemos equivocar y arrepentirnos. Es por eso que hemos de saber pedir perdón.

Pedir perdón te hará sentir mejor a ti y la otra persona sabrá que lo hiciste sin querer.

Susana, con prisas para ir a sentarse con sus amigos, empuja
a un compañero que tropieza y se le cae la comida.
Ni pide perdón ni le ayuda.

Al día siguiente a David le ocurre lo mismo.
Sin querer ha hecho caer a su amiga.
– Lo siento mucho, no lo hice a propósito. No te
había visto. ¿Quieres que te acompañe a buscar otra
bandeja? – pregunta David mientras le ofrece su mano.

HIGIENE PERSONAL

Es importante crear buenos hábitos de higiene para prevenir infecciones. Además, también es una forma de sentirse mejor con uno mismo.

Hay que lavarse los dientes todos los días para prevenir caries, lavarse las manos antes de cualquier comida y ducharse a diario. Llevar las uñas cortadas y limpias al igual que la ropa y los zapatos.

Si vas limpio y aseado, la gente que te rodea se sentirá bien estando a tu lado.

Susana huele mal porque no quiere ducharse.
Su padre tiene que taparse la nariz porque no soporta el mal olor.
– Susana, si no te bañas, tus amigos no querrán estar a tu lado.

En cambio, David y su hermana pequeña se lavan las manos y
los dientes mientras su hermano mayor se peina dándoles buen ejemplo.

COMER EDUCADAMENTE

Es muy importante aprender buenos hábitos en la mesa. Hay que tratar de no hablar con la boca llena, no jugar con la comida, ni hacer ruidos al masticar o tomar la sopa.

No apoyar los codos en la mesa y utilizar correctamente los cubiertos también es símbolo de buena educación y respeto a los que están comiendo contigo.

Susana sabe comer educadamente, utiliza los cubiertos
y no habla con la boca llena.

26

David come con las manos y habla con la boca llena.
– David, cierra la boca por favor, que me estás escupiendo
el pollo. - Dice su compañero que está sentado enfrente.

AYUDAR

Ayudar es colaborar, hacer algo para solucionar un problema a alguien.

Podemos ayudar de muchas maneras: ayudar a papá y mamá con las tareas de casa, ayudar a un amigo que te necesita para resolver un problema, a un hermano, a nuestros abuelos cuando los visitamos. También podemos ayudar a cruzar la calle a alguien que no puede solo, ayudar a abrir la puerta cuando alguien va muy cargado, ayudar a un compañero que no se siente bien...

Hay infinitas maneras de ayudar.

Lidia va muy cargada con la compra del supermercado
y Susana prefiere jugar con un videojuego a ayudar
a su hermana. Lidia está decepcionada porque ve que
Susana no tiene interés en ayudar.

– ¿Quieres que te ayude? - se ofrece David.
La hermana de David está muy contenta
ya que gracias a su ayuda no llevará tanto peso.

RESPETO A LOS DEMÁS

Tener respeto hacia las personas te ayuda a mejorar la convivencia.

Es muy importante respetar a los demás y así tener una buena relación de paz y tranquilidad. Cuando viajas en avión, tren o estás en un lugar público debes procurar no molestar a los que tienes cerca. No debes gritar, ni dar golpes, ni poner la música muy alta ya que esto es una falta de respeto hacia las personas que están a tu alrededor.

Imagínate que quieres descansar y no puedes porque hay mucho ruido. Por eso es tan importante tener respeto.

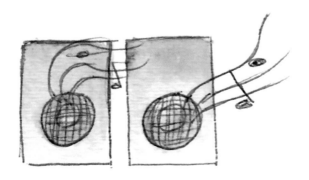

Susana se pone a cantar y a gritar en un
avión molestando a los otros pasajeros.

David, cuando viaja, intenta no molestar a nadie y
escucha su música con auriculares mientras lee su libro favorito.

33

RESPETO AL MEDIO AMBIENTE

Cuidar el medio ambiente es ahorrar
energía y agua, evitar utilizar bolsas
de plástico y no contaminar la atmósfera.
No ensuciar; tampoco tirar basuras en los
bosques ni en el mar. Y sobre todo,
aprender a reciclar.

Si no cuidamos nuestra tierra,
el planeta sufrirá las consecuencias
y dejará de existir.

Hemos de colaborar entre todos y
respetar la naturaleza.

A Susana le da igual tirar las cosas al suelo,
ni se molesta en buscar una papelera.

– Ve a tirar los restos de comida, papeles y botellas
en sus respectivas papeleras.– dice el padre de David.
– ¡De acuerdo! – contesta contento. A David le encanta reciclar.

36

CEDER EL ASIENTO

Es un gesto de buena educación ceder el asiento en el bus, tren o sala de espera a quienes lo necesitan. Una persona mayor o una mujer embarazada, alguien con muletas o una persona con un niño en brazos, necesitaría el asiento más que tú.

Al levantarte y dejarles sentar harás que se sientan muy contentos y agradecidos.

– Buenos días, señora. Yo le dejo mi asiento – dice Susana
mientras le muestra un gesto de buena educación al
levantarse y ofrecerle su sitio para que la señora
pueda sentarse y descansar.

David y su amigo están sentados en un banco frente a la parada del autobús y, a pesar de que ven a una anciana que le cuesta caminar, siguen hablando e ignoran que ella necesita el asiento más que ellos.

PREVENCIÓN

La prevención es una medida que se toma con anticipación para evitar que pase o suceda algo negativo.
Hay muchos tipos de prevención, pero la más común entre los más pequeños es la prevención de los catarros. Con sólo un gesto se pueden evitar. Tapar la boca con el brazo al toser o estornudar.

Es muy importante que se use el brazo y no la mano, ya que con las manos tocamos muchos objetos y contagiaríamos a la próxima persona que tocase ese mismo objeto.

¡Mira qué fácil es!, y así no contagiamos ni a los compañeros, ni a los maestros, ni a las personas que nos cuidan.

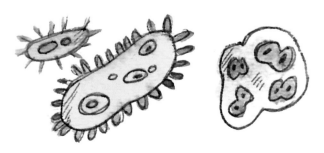

Susana estornuda al lado de su compañera sin
taparse la boca. La profesora la ve y le dice:
—Oye, Susana, ¡deberías taparte la boca con el
brazo porque si no, nos vas a contagiar a todos!

A David nunca se le olvida taparse la boca con el brazo.
La profesora lo felicita cada vez que lo hace bien,
ya que, gracias a su gesto, ni ella ni sus
compañeros no enferman.

Made in the USA
Lexington, KY
23 October 2018